BEI GRIN MACHT SICH IHR
WISSEN BEZAHLT

- Wir veröffentlichen Ihre Hausarbeit,
  Bachelor- und Masterarbeit

- Ihr eigenes eBook und Buch -
  weltweit in allen wichtigen Shops

- Verdienen Sie an jedem Verkauf

Jetzt bei www.GRIN.com hochladen
und kostenlos publizieren

Martin Jehle

Ursprünge der Musik

GRIN Verlag

Bibliografische Information der Deutschen Nationalbibliothek:

Die Deutsche Bibliothek verzeichnet diese Publikation in der Deutschen National-
bibliografie; detaillierte bibliografische Daten sind im Internet über http://dnb.d-
nb.de/ abrufbar.

Impressum:

Copyright © 2008 GRIN Verlag GmbH
Druck und Bindung: Books on Demand GmbH, Norderstedt Germany
ISBN: 978-3-638-95266-8

Dieses Buch bei GRIN:

http://www.grin.com/de/e-book/91458/urspruenge-der-musik

Ursprünge der Musik

von
Martin Jehle

1. Semester Szenische Künste
Universität Hildesheim

Inhaltsverzeichnis

1.1 Vorbemerkung

Der vorliegende Text ist die Ausarbeitung eines Referats, das ich am 21. Januar 2008 zusammen mit Laura Schäffer im Rahmen des Seminars *Einführung in das Studium der Musik* bei Prof. Dr. Kruse an der Universität Hildesheim gehalten habe. Er umfasst das Themengebiet der frühesten Anfänge der Musik, beleuchtet durch unterschiedliche Wissenschaften. Dieser Schwerpunkt entspricht dem Teil des Themas, für den ich Recherche und Präsentation übernommen hatte. Eine Ausrichtung auf Laura Schäffers Schwerpunkt der Griechischen Musiktheorie ist deutlich zu erkennen. So ist das Ende des Textes mehr eine Überleitung als ein Fazit. Da die Struktur des Referats beibehalten wurde, liegt dies in der Natur der Sache.

Beim Referat kamen mehrere Medien zum Einsatz. Eingeleitet wurde mit *Mort*[1] von Terry Pratchett, einem Text der Trivialliteratur über „Heilige Lauscher", die versuchen, die ersten Worte des Schöpfers zu hören. Den Abschluss bildete eine Szene aus *Die verrückte Geschichte der Welt* [2]von Mel Brooks, die in einer Art Sketch die Geburt der Musik anhand eines Unfalls (Stein fällt auf Zeh) erklärt.

1.2 Einleitung

Die Suche nach den Ursprüngen der Musik führt in ein weites Feld unterschiedlicher Theorien aus vielen Bereichen der Wissenschaft. Psychologische Erkenntnisse aus dem Bereich der Säuglingsforschung führen ebenso zu Theorien über den absoluten Anfang der Musikalität, wie es philosophisch-theologische Untersuchungen tun. Auch die Geschichtsforschung, die in ihren Teilgebieten Archäologie und Hieroglyphenkunde nur zu einem relativen Anfang gelangen kann, grenzt schnell an mythische Geschichten, die absolute Anfänge (auch der Musik) beschreiben, wenn sie nur weit genug in der Zeit zurückgeht (vgl. Kapitel 2.4).

Selbst die Naturwissenschaften stehen nicht ganz abseits, wenn es um die Ursprünge geht – jedoch eher um die Ursprünge der Klänge als die der Musik. Es erscheint mir sinnvoll, die Zusammenschau musikalischer Ursprungstheorien mit einer kurzen Darstellung der Urknallforschung zu beginnen, schon allein weil eine zeitliche Einordnung der alten Hochkulturen vor dem Hintergrund der gesamten Weltentwicklung deutlich macht, wie weit entfernt die historische Forschung zeitlich von dem ist, was Philosophie, Theologie und Psychologie als die Anfänge der Musik beschreiben.

---

[1] Pratchett, Terry: *Mort. A Discworld Novel.* London: Transworld Publ., 1989.
[2] Brooks, Mel: *History of the World: Part1.* 1981.

3

2.1 Das erste Geräusch

Der populärsten naturwissenschaftlichen Theorie über die Entstehung der Welt zufolge explodierte vor ca. 15 Milliarden Jahren ein fluktuierendes Vakuum, wodurch eine riesige Expansion in Gang gesetzt wurde, in deren Verlauf sich Quarks und Antiquarks bildeten und miteinander kollidierten. Aus dieser Kollision bildete sich Licht, doch einige Quarks blieben bestehen und bildeten den Grundstock aller Materie.

Teilgebiet der Urknalltheorie war lange Jahre die Annahme eines lautes Geräuschs in Zusammenhang mit der Explosion, dessen Echo noch heute als Grundrauschen im Universum vorhanden sei.[3] Als Beleg für die Richtigkeit der Urknalltheorie wurde folglich auch die Entdeckung dieses „Geräuschs" durch die amerikanischen Physiker Penzias und Wilson im Jahre 1964 gewertet, das in Form von Radiostrahlung mit sehr geringer Energie (drei Grad über dem absoluten Nullpunkt) im ganzen Weltall zugegen ist.

Auch wenn es sich bei diesem Geräusch natürlich nicht um Musik handelt, so ist es möglicherweise der erste Klang, den die Welt hervorgebracht hat.

2.2 Psychologische Ursprungstheorien

Das Interesse der Naturwissenschaften gilt nur selten der Musik. Hilfreicher für die Frage nach dem Ursprung der Musikalität (und damit der Musik an sich) sind psychologische Überlegungen. Einem biologischen Grundsatz folgend spiegelt die Ontogenese (Entwicklung eines Menschen) in vielen Punkten die Phylogenese (Entwicklung der Menschheit) wider. Diese Theorie macht die musikalische Entwicklung eines Menschen vom Mutterleib bis nach der Geburt für unser Thema relevant. Gleichzeitig verdient die Suche nach dem „Ur-Motiv" der Musik eine besondere Erwähnung, die mit den Gesängen von Säuglingen und Kleinkindern immanent zusammenhängt. Hier ist vor allem Heinz Werner zu nennen, der die Theorie des „Ur-Motivs" der Musik als erster mit kinderpsychologischen Forschungen verknüpfte, deren Publikation 1917 für großes Aufsehen sorgte. Werners Ergebnissen zufolge war das „Ur-Motiv" die kleine Terz, wie sie oft in von Kleinkindern improvisierten Melodien vorkommt. Eine Übereinstimmung mit den Gesängen einiger Naturvölker schienen Werners Aussagen zu bestätigen. Seine Forschungsergebnisse sind jedoch umstritten, da seine Methoden unsauber und die ausgewählten

---

[3] Gamow, George: *Die Geburt des Alls*. München: Reich, 1959.

4

Testpersonen zu alt waren, um eine bereits vorhandene musikalische Sozialisation auszuschließen.[4]

Spannender und erkenntnisreicher als die Versuche, die Anfänge der Musik in einem bestimmten „Motiv" zu verorten, ist die Frage nach dem Sinn nonverbaler Vokalisation, wie sie in der Kommunikation von Kleinkindern mit ihren Müttern vorkommt.

Bereits im 6. Monat der Schwangerschaft haben sich bei einem Embryo die Nervenzellen der Ohren soweit ausgebildet, dass erste Höreindrücke möglich sind. Magen-Darm-Tätigkeit, Atmung und Herzschlag der Mutter gehören zu den ersten Geräuschen, die ein Kleinkind aufnehmen kann. Darüber hinaus wird die Stimme der Mutter wahrgenommen. Anhand der Studien von Feijoo[5] konnte 1981 sogar das bewusste Aufnehmen und spätere Erinnern kurzer musikalischer Phrasen im Mutterleib bewiesen werden. Einer weiteren Theorie zufolge schult das Gehen der Mutter bereits vor der Geburt das Rhythmusempfinden des späteren Säuglings. Durch die nonverbale Vokalisation nach der Geburt, also durch Brabbeln, Lallen und Singsang wird die Stimme des Säuglings trainiert. Sprachmelodie und Sprachrhythmus werden auf diese Weise bewusst erprobt, wodurch der Erwerb der Kommunikationsfähigkeit erst möglich gemacht wird. Eine gewisse Lust am Lallen führt zu größtmöglicher Lernfähigkeit und durch die Interaktion mit der Mutter entsteht im Lauf der ersten Jahre die Fähigkeit zu sprechen.

Wenn wir diesen Entwicklungsprozess nun anhand der anfangs beschriebenen Grundannahme der Widerspiegelung von Ontogenese in Phylogenese betrachten, lassen sich folgende Überlegungen über den Beginn der Musik anstellen. Zum einen ist denkbar, dass es von vorn herein einer gewissen musikalischen Befähigung bedurft hat, um überhaupt sprechen zu können. Hieraus kann geschlossen werden, dass musikalische Formen lange vor dem Aufkommen der Sprache im menschlichen Leben vorhanden waren.[6]

Eine allgemeinere Deutung ist, dass Musik und Sprache denselben Ursprung haben – als Grundbedürfnis des Menschen, sich auszudrücken und mit seiner Umwelt zu kommunizieren.

Eine zusätzliche psychologische Erklärung für die Produktion von Geräusch und Musik, die in gewisser Weise mit dem Wunsch nach Kommunikation zusammenhängt, ist die Angst vor der

---

[4] Vgl. Gembris, Heiner: *Grundlagen musikalischer Begabung und Entwicklung*. Augsburg: Wißner, 1998.

[5] Beschrieben in: Fassbender, Johann C: *Auditory grouping and segregation processes in infancy*. Norderstedt: Kaste, 1993.

[6] Die Nachahmung von Vogelstimmen ist ein möglicher Ansatzpunkt, um zu erklären, wie es überhaupt zu musikalischem Ausdruck im menschlichen Dasein kam (vgl. die Theorien Darwins).

Stille als Ort des Unheimlichen. Auch diese Theorie ist von Untersuchungen mit Säuglingen inspiriert, die oft zu Schreien beginnen, wenn sie allein gelassen werden.[7]

In unserer Kultur finden wir analog dazu heute noch rituelle Formen der Lärmproduktion, nämlich zu Karneval (Musik) und zu Silvester (Knallgeräusche). Beide Feste hatten ursprünglich mit der Vertreibung von Geistern zu tun - auch hier also vertrieben Geräusch und Musik das Unheimliche.

2.3 Philosophische Ursprungstheorien und der Glaube der Naturvölker

Die Auffassung vieler Naturvölker, dass Musik göttlichen Ursprungs sei, existierte und existiert, vereinfacht gesagt, in zwei unterschiedlichen Formen. Einmal ist es die Vorstellung, Gott habe durch Musik die Welt erschaffen. Hier ist die Musik selbst ein wichtiges Instrument der Schöpfung. Die andere Vorstellung begreift Musik als Gottes Geschenk an die Welt, als etwas Überirdisches, das sich kein Mensch erdacht haben kann.

In beiden Fällen wohnt der Musik etwas Magisches oder Mystisches inne, das oftmals einer speziellen Figur als Medium bedarf. Zauberer und Schamanen sind bei vielen Naturvölkern mit der Aufgabe betraut, durch Tanz und Bittgesang[8] Kontakt mit der Götter- oder Geisterwelt aufzunehmen. Oftmals soll durch spezielle Riten die Natur beeinflusst werden. Gute Ernten und die Abwendung von Naturkatastrophen sind häufig Gegenstand dieser Anrufungen (vgl. Regentanz).[9]

Die Vorstellung der schöpferischen Qualität der Musik ist heute noch bei den Ureinwohnern Australiens in beinahe unverfälschter Weise anzutreffen. Der Mythologie zufolge liefen die Götter zu Urzeiten selbst durch das Land, lebten dort und schufen durch Singen die Natur, bis sie selbst im „Tod" zu besonders signifikanten Teilen der Erde (erosionsbedingte Steinskulpturen in der Wüste etc.) wurden.

Um die Natur am Leben zu erhalten muss sie nun in Nachahmung der Götter von den Aborigines weiter besungen werden, wenn diese auf Reisen sind. Durch den Akt des Singens kann die Natur überhaupt erst lebendig sein. In seinem Roman *Traumpfade*[10] beschreibt Bruce Chatwin die Reaktionen der ersten Aborigines, die mit dem Auto transportiert wurden. Heftiges

---

[7] Vgl. Luban-Plozza / Delli Ponti / Dickhaut: *Musik und Psyche. Hören mit der Seele*. Basel: Birkhäuser, 1988.
[8] Tanz und Gesang bildeten bei den meisten Naturvölkern und frühen Hochkulturen eine untrennbare Einheit.
[9] Für derlei Riten wurden sogar Instrumente „erfunden", zB. in China von Musikmeister Shida unter dem 2. Mythischen Kaiser Shennong, angeblich 2.700 v. Chr.eine fünfsaitige Wölbbrettzither (vgl. *Musik in Geschichte und Gegenwart*).
[10] Chatwin, Bruce: *Traumpfade*. Frankfurt am Main: Büchergilde Gutenberg, 1991.

Zucken, Stampfen und Murmeln stellte sich sofort nach der Abfahrt ein. Es dauerte einige Zeit, bis man begriff, dass bei Reduktion der Reisegeschwindigkeit Rhythmus und Melodie erkennbar wurden. Nur bei langsamer Fahrt blieb genug Zeit, die Umwelt zu besingen und sie somit zu erhalten.

2.4 Probleme der Musikgeschichtsforschung

Während die vorangegangenen Abschnitte eher spekulativer Natur sind, kommen wir nun zu einem durch archäologische Funde gestützten Bereich der Wissenschaft. Die Forschungslage der Historik ist jedoch ebenfalls unbefriedigend, denn die Erforschung der alten Kulturen befindet sich weltweit noch in den Anfängen. Die Enzyklopädie *Musik in Geschichte und Gegenwart* spricht in der von Martin Gimm verfassten Einleitung des Artikels zur chinesischen Musikgeschichte davon, dass aufgrund der Fülle an Material ein „nur annährende[r] Überblick" der Vor- und Frühgeschichtlichen Phase „unmöglich" erscheine.[11] Konrad Volk schreibt in seinem Text „Musikalische Praxis und Theorie im Alten Orient", inwieweit der mesopotamische Umgang mit Musik sowohl praktisch als auch theoretisch-reflektierend „möglicherweise die Grundlage für spätere, außermesopotamische Entwicklungen und Diskurse bildete, läßt sich aufgrund des bis heute überlieferten Textmaterials noch nicht abschließend entscheiden"[12]. Der Möglichkeit dieser Beeinflussung allerdings (vor allem der griechischen Musiktheorie) entspricht die Zielrichtung der folgenden Abschnitte. Zunächst müssen jedoch zwei Probleme der Geschichtsforschung erwähnt werden.

Das gesicherte Terrain der Archäologischen Forschung birgt einen Nachteil, den Johann Gustav Droysen bereits Mitte des 19. Jahrhundert in seiner *Historik* präzise formuliert hat:

> „Es liegt völlig außer dem Bereich der historischen Forschung, zu einem Punkt zu gelangen, der in vollem und eminentem Sinn der Anfang, das unvermittelt Erste wäre. Wir kommen nicht weiter als bis zu relativen Anfängen, d.h. solchen, die wir im Verhältnis zu dem daraus Gewordenen als Anfang setzen."[13]

---

[11] Finscher, Ludwig (Hrsg.): *Musik in Geschichte und Gegenwart. Sachteil in neun Bänden. 2. neubearbeitete Auflage.* Kassel/Stuttgart: Bärenreiter/Metzler, 2007. Band I, S. 696.
[12] Erschienen in: Ertelt / Loesch / Zaminer: *Geschichte der Musiktheorie. Band 2: Vom Mythos zur Fachdisziplin: Antike und Byzanz.* Darmstadt: WBG, 2006. S. 43.
[13] Hübner, Rudolf (Hrsg.): *Historik. Vorlesungen über Enzyklopädie und Methodologie der Geschichte.* Darmstadt: WBG, 1958. S. 150.

In der Praxis stößt die Forschung zudem immer wieder an die Grenze zum Mythologischen. Diese prähistorischen Bereiche sind von der Geschichtsschreibung oft nicht klar abzugrenzen.[14] Eine weitere Unwägbarkeit ist der so genannte „Überlieferungszufall", also die Tatsache, dass aus ganz frühen Zeiten oft zu wenig Artefakte vorhanden sind, um allgemeingültige Aussagen zu treffen: Theorien könnten durch das Ausgraben weiterer Gegenstände derselben Zeit verändert oder gar widerlegt werden.

So wurde zum Beispiel das älteste Musikinstrument, also der zur Zeit früheste Fund, erst 1973 entdeckt. Es handelt sich hierbei um eine Schwanenknochenflöte, die ca. 35.000 Jahre alt ist. Sie wurde bei Blaubeuren (Württemberg) entdeckt und innerhalb von dreizehn Jahren anhand weiterer Funde rekonstruiert. Demgegenüber ist der erste Fund chinesischer Musikinstrumente (eine Knochenflöte aus dem 6. Jahrtausend v. Chr.) geradezu jung, was jedoch eher ein Indiz für die Anfänge archäologischer Forschung im asiatischen Raum ist, als für einen historischen Vorsprung europäischer Musikausübung.

2.5 Das musikalische Leben der mesopotamischen Hochkultur ab 4.000 v. Chr. als Beispiel für die historische Forschung nach den Ursprüngen der Musik

Das Gebiet Mesopotamiens zur Zeit der frühen Hochkultur umschloss den heutigen Iran (Elam), Syrien, Palästina und Anatolien. Im Lauf der Jahrhunderte gab es mehrere Zentren, zum Beispiel Sumer und Babylon (heute Irak). Durch weit vernetzte Handelsbeziehungen kam es zu einer großen Verbreitung von Musikinstrumenten und damit einhergehend der musikalischen Praxis, die regional variiert wurde, so dass eine Gesamtdarstellung auch hier von Problemen begleitet ist. Durch die Fülle von Zeugnissen lässt sich jedoch ein gutes Bild des musikalischen Lebens der Mesopotamier zeichnen, das im Folgenden knapp beschrieben werden soll.

Erste Funde[15] aus der Zeit um 4.000 v. Chr. zeigen uns sowohl kleine als auch größere Ensembles bei der Musikausübung und geben Aufschluss über die verschiedenen Formen der Instrumente. Zu dieser Zeit wurden bereits Flöten, Harfen, Leiern und Trommeln gebaut, wodurch man auf ein großes Wissen um mathematisch-konstruktive sowie technisch-akustische Phänomene schließen kann. Die neuere Forschung hat ergeben, dass die Sumerer bereits den Satz des Pythagoras angewendet haben (ca. 1.500 Jahre vor Pythagoras), wobei sie ihn nirgends notierten, was jedoch kein Gegenargument sein muss, wenn man das den Sumerern fehlende

---

[14] Vgl. die Aufteilung chinesischer Dynastien in prähistorische und historische.
[15] Siegel, Keramik und Reliefs mit Darstellungen von Musikinstrumenten und Musizierenden.

Bedürfnis berücksichtig, Wissen in abstrakte Definitionen zu bringen. So wurde in Mesopotamien zunächst auch keine Musiktheorie entworfen. Diese entstand erst später aus der musikalischen Praxis heraus[16] und unterscheidet sich somit in ihrer Genese stark von der griechischen Musiktheorie, die durch die Philosophie Gestalt annahm und somit deutlich von der musikalischen Praxis getrennt war.

Aussagen und Annahmen über die mesopotamische Kultur stützen sich auf zweierlei Forschungszweige, nämlich zum einen auf die archäologische Bestimmung und Deutung der gefundenen Gegenstände, zum anderen auf die sprachliche Entschlüsselung der Keilschrifttexte, die bereits angenommene Sachverhalte zusätzlich stützen und um Wesentliches erweitern.[17] So können den Musikinstrumenten der bildlichen Darstellung Namen zugeordnet werden. Weiterhin wird ein hoch differenzierten Musikertum vermittelt, das bereits ca. 150 Liedtypen unterscheiden konnte, vom Hymnus für Götter und Könige über Klagegesänge mit musikalischer Begleitung bis hin zu kunstvollen vokalischen Darbietungen.

Musiziert wurde zu allerlei Anlässen. Zunächst im kultisch-religiösen Bereich, dann auch, einhergehend mit einer zunehmenden Deisierung der Herrscher, bei höfisch-weltlichen Anlässen, und letztlich auch bei Festgelagen aristokratischer Häuser.[18]

Zudem ermöglichen die Keilschrifttexte Rückschlüsse auf die Tradierung der Musikpraxis, sogar Musikschulen sind erwähnt, sowie Anleitungen zum Stimmen der Instrumente.[19]

3.1 Die Verbindung von mesopotamischer und griechischer Musiktheorie

Das Bindeglied zwischen mesopotamischer und griechischer Musiklehre scheint Pythagoras von Samos gewesen zu sein. Porphyrios beschreibt 234. n. Chr. (!) in seiner Pythagoras-Biographie eine Reise des Griechen zu Ägyptern, Arabern, Chaldäern und Hebräern. Auch andere Quellen teilen zumindest die Annahme, dass Pythagoras in Ägypten und Babylonien gewesen ist und dort mit dem Wissen der mesopotamischen Hochkultur in Berührung kam. Einige Indizien, wie zum Beispiel die Vorstellung von der Sphärenharmonie und die Anwendung des „Satz des Pythagoras", die bereits den Mesopotamiern vertraut waren, aber erst in Griechenland ihre

---

[16] Der altorientalische Terminus technicus „narutu" (in etwa „Musiktheorie") bezeichnet auf der Ebene der Wortbildung ein Abstraktum des Nomens „nar" (Musikausübender).
[17] Erst 1960 entdeckte Anne Draffkorn-Kilmer die ersten musikalisch relevanten Aufzeichnungen auf längst bekannten Keilschrifttafeln. Dieser Bereich der Forschung ist mit Sicherheit noch nicht ausgeschöpft und kann jederzeit weitere Erkenntnisse zu Tage fördern.
[18] Ein altes Sprichwort der Sumerer lautet: „Ein Festmusiker ohne schöne Stimme, der ist ein minderwertiger Festmusiker" (vgl. Konrad Volks *Musikalische Praxis und Theorie im alten Griechenland*).
[19] Für eine genauere Beschreibung der Keilschrifttexte vgl. Konrad Volks *Musikalische Praxis und Theorie im alten Griechenland*.

philosophische Theorie erhielten, sprechen für diese These, die uns (und vielen anderen) eine gute Überleitung zur griechischen Musiktheorie ermöglicht.

Bei aller Freude an diesem Bindeglied sollte jedoch, wie Frieder Zaminer ganz richtig feststellt[20], der Blick auf eines nicht ganz verstellt werden: auch wenn es wahrscheinlich ist, dass die Griechen mesopotamisches Gedankengut aufgenommen, weiterentwickelt und vor allem theoretisiert haben, so ist doch mindestens ebenso wahrscheinlich, dass die Musikpraxis Mesopotamiens losgelöst von Griechenland ebenfalls weiter existierte und dabei weiterentwickelt wurde.

Daß die griechische Harmonielehre die gesamte westeuropäische und arabische Musik geprägt hat, gilt als bewiesen, inwieweit jedoch eine direkte mesopotamische Einflussnahme auf weite Teile der Welt stattgefunden haben mag, ist heute noch nicht erforscht und geklärt.

---

[20] In der Einleitung zu: Ertelt / Loesch / Zaminer: *Geschichte der Musiktheorie. Band 2: Vom Mythos zur Fachdisziplin: Antike und Byzanz.* Darmstadt: WBG, 2006.